AF313342

NOTICE

HISTORIQUE

SUR

L'ARQUEBUSE

DE CHATEAU-THIERRY

DEPUIS SON ORIGINE JUSQU'A NOS JOURS.

Par P.-J. DELBARRE

Membre de plusieurs Sociétés savantes et Chevalier
de l'Arquebuse.

Dédiée à ses Confrères de l'Arquebuse.

CHATEAU-THIERRY,
IMPRIMERIE DE CHARLES DEMIMUID, GRAND'RUE, 84.

1853.

NOTICE HISTORIQUE

SUR

L'ARQUEBUSE

DE CHATEAU-THIERRY.

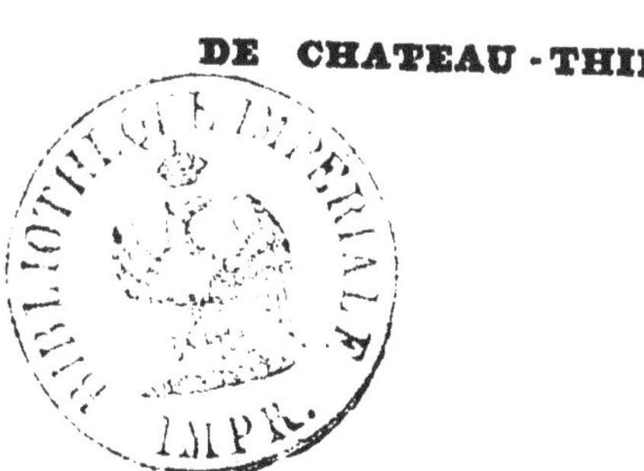

Dédiée à mes Confrères de l'Arquebuse.

NOTICE HISTORIQUE

SUR

L'ARQUEBUSE

DE CHATEAU-THIERRY.

Si l'on veut connaître l'origine des compagnies bourgeoises, il faut se rappeler que l'arc était l'arme la plus ancienne, et que l'infanterie, ou du moins une grande partie, en était armée. Au treizième siècle, les habitants des villes et des campagnes étaient tenus de s'exercer au tir de l'arc, et chaque paroisse devait fournir à l'ost du roi un homme armé et équipé : cette obligation de fournir au roi un certain nombre d'hommes, s'étendait aussi aux abbayes ; ainsi nous voyons l'abbaye de Saint-Jean de Laon envoyer à l'ost du roi Philippe-Auguste quarante sergents et un charriot (1). Sous Charles VII, ce corps militaire s'appelait *francs-archers*, parce que ceux qui en faisaient partie étaient exempts du guet, de taille et de garde, tant en paix qu'en guerre : ils devaient être prêts à marcher à la première réquisition, soit pour la défense du roi, soit pour protéger leurs villes. Plus tard, lorsque l'ont com-

---

(1) Melleville, *Histoire de Laon*, t. 1er.

prit toute l'importance qu'on pouvait tirer des milices
bourgeoises, on jeta un interdit sur tous les jeux qui
n'étaient pas propres à rendre la jeunesse habile au
maniement des armes, et on permit les joûtes et les
tirs. Il se forma bientôt des compagnies d'archers qui
obtinrent de grands priviléges : ceux qui en faisaient
partie s'appelaient *chevaliers de l'arc* ou *confrères de
Saint-Sébastien* (1) ; ils reconnaissaient pour chef souverain l'abbé de Saint-Médard, de Soissons. Dans le
principe, le commandement de chaque compagnie était
déféré à celui qui abattait d'un coup de flèche une
figure d'oiseau attachée au bout d'une longue perche.
Un peu plus tard, sous Charles VI, on lui donna le
titre de *roi ;* il y avait dans ce temps un roi des mer-
ciers, un roi des violons, un roi des ribauds, etc. ;
les compagnies de l'arc avaient un règlement qui existe
encore. Voici la manière dont on devait recevoir un
chevalier (2) :

« Mettez un arc bandé sur une table, la flèche des-
« sus encochée et prêt à tirer ; puis ayez du pain, du
« vin et du sel, que vous posez à côté de l'arc. Faites
« faire une semonce par le concierge ou procureur de la

---

(1) Saint-Sébastien était le patron de toutes les compagnies de l'arc.

(2) Réglements généraux pour toutes les compagnies
du noble jeu de l'arc et confréries de Saint-Sébastien
dans le royaume de France, imprimé en 1748. Henri-
Charles Arnauld de Pomponne, conseiller d'état ordi-
naire, commandeur, chancelier des ordres du roi, abbé
de l'abbaye royale de Saint-Médard-lez-Soissons, et en
cette qualité grand-maître et juge souverain du noble
jeu de l'arc et des confrères de Saint-Sébastien ; ap-
prouvé en notredite abbaye le 29 novembre 1773, et
avons signé et fait apposer le sceau de nos armes, et
contresigner par notre secrétaire, et enfin signé Henri-
Charles Arnauld de Pomponne ; plus bas, par Monsei-
gneur Triballet, et scellé de cire rouge. (*Communiqué
par M. Souliac-Boileau.*)

« compagnie où il adaptera la réception ; vous lui fe-
« rez prendre (au récipiendaire) un parain tel qu'il
« le jugera, pourvu qu'il soit de la compagnie et de la
« religion catholique , et qu'il soit solvable. Vous lui
« ferez jurer et promettre en Dieu notre Père, le Fils
« et le Saint-Esprit, par le pain, le vin et le sel et son
« parain , au nom du Saint-Evangile , en principe ,
« vous lui ferez poser la main droite dessus, que bien
« exactement et fidèlement, les ordonances qui sont
« ordonnées depuis longtemps il observera ; qu'il ne
« contreviendra point à aucunes déffenses qu'on vous
« dira conformément aux ordonnances qui nous ont
« été données par nos supérieurs et nos prédécesseurs.
« Vous lui ferez répondre oui ; ensuite boirez du vin
« dans un verre avec un peu de pain et de sel que
« vous mettrez, en forme de croix, lui ferez boire en
« lui faisant prononcer ces paroles : par le Père, le
« Fils, le Saint-Esprit, je n'ai jamais bu vin aussi salé
« que lorsque je me suis fait recevoir chevalier ; et
« lui ferez faire le signe de la croix , et renouvellerez
« les vœux et promesses que ses parains ont fait pour
« lui à son baptême : Renoncer à Satan, à ses pompes
« et à ses œuvres. »

En outre on devait adresser au chevalier les ques-
tions suivantes :

D. Que signifie le jardin ? — *R.* Les Oliviers.

D. Le but ? — *R.* Le mont du Calvaire.

D. Les cinq broches ? — *R.* Les cinq plaies de N.-S.

D. Le blanc ? — *R.* Le linceul où N.-S. a été trois jours.

D. L'arc ? — *R.* Dieu le Père.

D. La corde ? — *R.* Dieu le Fils.

D. Le bois de la flèche ? — *R.* Le Saint-Esprit.

D. Le haut de la corne de l'arc ? — *R.* La Vérité.

D. Celle du bas ? — *R.* L'Enfer.

D. L'encoche de la flèche ? — *R.* Le ventre de la
Sainte-Vierge.

D. Les épanneaux ? — *R.* Les aîles du Saint-Esprit.

D. Le fer de la flèche ? — *R.* La lance qui a percé
le côté de Notre Seigneur.

D. Le gatelet ? — *R.* Le mouvement du Saint-Esprit.

D. La bourse de Jésus ? – *R.* L'avarice de Judas.

D. Le brasselet ? — *R.* La conduite du Saint-Esprit.

D Toucher dans la main ? —- *R.* L'incrédulité de saint Thomas.

D. L'oiseau ? — *R.* Le cocq, quand saint Pierre a renié Notre Seigneur.

D. Le panton de la carte à la butte ? — *R.* Le mouchoir que présenta sainte Véronique à Notre Seigneur.

D. Les salutations que les chevaliers font aux buttes en y entrant ? — *R. Ecce homo.*

D. Le derrière de la butte ? —*R.* Les limbes (3).

« On doit se laver les mains (sous peine d'amende)
« avant de se mettre à table au repas de corps : ce
« repas représente la Pâques que Jésus a faite avec
« ses Apôtres.

« Après une partie, avant de se récréer, on doit tirer trois coups en l'honneur de la Sainte-Vierge. »

En 1481, Louis XI ayant supprimé le corps des francs-archers qui avait été institué par Charles VII, les compagnies furent abandonnées tout à fait par les bourgeois et laissées aux habitants des campagnes. Il y avait déjà longtemps que certaines villes possédaient des compagnies d'arbalétriers : ainsi nous voyons Charles V accorder aux arbalétriers de Laon des priviléges importants en récompense de leur belle conduite aux siéges de Saponay, Roucy et Sissonne (1). L'arbalète fut inventée vers la fin du XIIe siècle ; mais elle fut assez longtemps avant d'être en faveur ; c'est ce qui explique l'existence des compagnies d'arc et d'arbalète en même temps. D'un autre côté, les arbalétriers avaient été excommuniés par le pape, parce que leurs armes étaient trop meurtrières (2), ce qui n'avait pas empêché de les multiplier ; car il y avait aussi des ar-

____

(1) Melleville, *Histoire de Laon.*

(2) Du Cange (glossaire), *verbo Balistarii.*

(3) Du latin *Limbi*, le bord de l'enfer du Cange (glossaire).

balétriers à cheval (1). Leur grand-maître avait des priviléges importants : le Père Anselme dit « qu'outre la garde et administration en l'ost ou chevauchée du roi , il avait la surintendance sur les archers, maîtres d'engins, canonniers, charpentiers, pionniers, enfin sur tous ceux qui étaient chargés des machines de guerre ; qu'à la bataille, il asseyait le premier les écoutes, qu'il envoyait prendre le mot du guet pendant la nuit ; que l'artillerie des places conquises lui appartenait ; que le revenant de celle qui avait été commandée pour tirer sur l'ennemi était pareillement à lui, en un mot qu'il avait son droit sur les oyes et chèvres qu'on prenait en fait de pillage réglé. » On ignore dans quel temps il fut connu sous le nom de grand-maître ; le dernier fut Aymar de Prie, mort en 1534.

Il y avait déjà longtemps que l'arquebuse était inventée quand les troupes françaises commencèrent à s'en servir; sous Louis XII, de 1498 à 1505,elles lui préféraient encore l'arbalète : on s'en servit pour la première fois au siége de Belgrade, en 1439. Du reste, on fut très long à faire usage de la poudre ; on ne l'employait guère que dans les occasions exceptionnelles, et il est difficile de s'imaginer les pièces d'artillerie gigantesques qui furent inventées à la fin du quatorzième siècle. A propos du canon dont Philippe d'Artevelles, le fils du brasseur révolté se servit au siége d'Oudenarde, Froissart dit : « Les Gantois ouvrèrent une bombarde, « laquelle avoit cinquante pieds de long et jettoit « pierres grosses et pesantes merveilleusement, et « quand cette bombarde décliquoit on l'oyoit bien de « cinq lieues loin par jour et dix par nuit, amenoit « si grande noisée au déclique, qu'il sembloit que « tous les diables d'enfer fussent en chemin. » C'est au siége d'Arras, sous Charles VI, en 1414, que les Français firent usage du *canon à main*, remplacé plus

____

(1) Chroniques de Froissart ; Dom. Vaissette, *Histoire du Languedoc ;* Mandements aux Sénéchaux sur la levée des gens de guerre.

tard par les escopettes, arquebuses, mousquets, fu-
sils, etc. Il y avait aussi des arquebusiers à cheval ;
car nous voyons par une ordonnance de François Ier
sur les gens de guerre, que « les harquebuziers seront
« bien montés,... Ils auront l'espée au costé, la masse
« à l'arçon d'une part et l'harquebuze de l'autre, de-
« dans un fourreau de cuir bouilli, lequel tienne ferme
« sans branler. Ladicte harquebuze pourra être de
« deux pieds de long ou de trois au plus et qu'elle
» soit légère. » Ce ne fut qu'en 1523, sur la demande
des échevins et du prévôt des marchands de Paris, que
François Ier rendit un édit par lequel il institua la compagnie des arquebusiers de Paris, « le nombre de six
« vingts archers et soixante arbalétriers étant trop pe-
« tit pour seureté, tuition et deffence do ladicte ville. »

Presque toutes les villes environnantes suivirent
l'exemple de la capitale, et chacune eut sa milice bourgeoise qui s'exerça au tir des armes à feu. Les titres
de création de l'arquebuse de Château-Thierry ont
malheureusement été perdus dans les différentes
guerres qui éclatèrent après la mort de Henri III, sans
quoi nous verrions sans aucun doute que cette société
remplaça celles des archers et des arbalétriers. Tout ce
que l'on sait c'est qu'Henri II lors de son passage à
Château-Thierry, en 1548, érigea la compagnie qui lui
servit de garde au château, au nombre de soixante
chevaliers. Il est dit dans ces lettres-patentes que les
précédentes ci-devant accordées ont été perdues dans
les guerres. Plus tard, en 1606, Henri IV, sur la demande des officiers et bourgeois de la ville, confirma
par de nouvelles lettres les priviléges accordés par
Henri II ; il paraît que ces dernières avaient été égarées
dans la guerre contre les Lorrains.

Le titre le plus ancien que posséde la compagnie
d'arquebuse de Château-Thierry est de 1631 ; en voici
la teneur :

« LOUIS, par la grâce de Dieu, roy de France et de
« Navarre, à tous présens et à venir, salut : Nos chers
» et bien amez les harquebuziers de nostre ville de

« Chasteau-Thierry nous ont remonstré qu'ayant, à
« l'instar des villes circonvoisines, obtenu lettres de
« nos prédécesseurs, ils ont estably le jeu d'harque-
« buze, lequel ils ont tellement exercé que d'un petit
« nombre qu'ils étoyent, ils sont à présent cent ou six
« vingts, comme il se void en deux monstres qu'ilz
« font en armes en la place publique de ladicte ville
« par chacun an devant nos eluz, où le cappitaine preste
« le serman de fidellité de nous servir et la patrie en
« toutes occasions, oultre et tirent tous les dimanches
« un prix, et font beaucoup d'autres assemblées tant
« pour ledict exercice que de nos entrées et noz gou-
« verneurs provinciaux que autres actes notables, aux
« fraiz et despens tant dudict cappitaine que de celuy
« qui abbat l'oyseau, qu'ils tirent le lendemain de la
« Pentecoste, sans que cela leur tourne à aulcun prof-
« fict ains à grands fraiz, ne jouissant des priviléges
« dont jouissent Reims et plusieurs villes de nostre
« royaume, sinon que celuy qui abbast ledict oyseau
« jouit de l'exemption de tailles et subsides. Mais à
« cause que leurs lettres ont esté egarrées pendant la
« prise dudict Chasteau-Thierry, ils sont journelle-
« ment menassez d'y estre troublez, et estoyent au
« terme de discontinuer, s'ils ne jouissent, tant ledict
« cappitaine que celuy qui abbast ledict oyseau, des
« mesmes privilléges que Reims, Soissons et autres
« villes. Ce que nostre bien amé Claude Guyart, cap-
« pitaine d'iceux arquebuziers, ayant faict-entendre à
« nos habitans de Chasteau-Thierry en l'assemblée par
« eux faicte à son de cloche le vingt-huictiesme sep-
« tembre 1629 ; iceux habitans auroient consenty
« que tant ledict cappitaine des harquebuziers, tant
« et sy longuement qu'il sera pourveu de ladicte
« charge, que celuy d'entre eux qui abbatra l'oyseau,
« l'année qu'il l'aura abattu, jouissent et soyent exempts
« de touttes tailles, subsides et autres impositions, et
« que ou celuy qui abbatra ledict oyseau n'auroit au-
« cun vin de son cru, il put en faire cession à l'un
« d'entre eux qui aura tiré audict oyseau ou faire

« achapt de cinquante muidz de vin qui lui tiendront
« lieu de son cru ; ce que nozdicts harquebuziers
« nous auroyent supplié leur vouloir octroyer.

« A ces causes, vu ledict consentement cy attaché
« soubz le controsle de nostre chancellier, desirant fa-
« vorablement traicter nosdictz harquebuziers et leur
« donner moyens de continuer ledict exercice, comme
« utile pour dresser la jeunesse à la conservation de
« nostredicte ville et chastel dudict Chasteau-Thierry
« et en faveur de nostre nouvelle entrée en icelle,
« avons donné, octroyé et accordé, donnons, octroyons
« et accordons par ces présentes, signées de nostre
« main, ausdicts cappitaine et harquebuziers, tant
« présents qu'à venir, tant et sy longuement qu'ils
« seront pourveus de ladicte charge, et à iceluy d'en-
« tre eux qui aura abbatu ledict oyseau, l'année qu'il
« l'aura abbatu seulement, l'exemption de toutes
« tailles, aydes, huictiesme et vingtiesme, et autres
« impositions quelesconques, et où celuy qui abba-
« tera ledict oyseau n'auroit aucun vin, qu'il puisse
« faire achapt de cinquante muidz de vin qu'il pourra
« vendre en nostredicte ville de Chasteau-Thierry,
« sans pour ce payer aucune chose, ou bien faire ces-
« sion l'un d'eux qui sera du serment et qui aura tiré
« audict oyseau, en indempnisant nos fermiers d'à
« présent desdicts aydes, propriétaires ou engagistes
« d'icelles, sy aucun y a, et faisant reject des taux
« desdicts cappitaine et iceluy qui abbatera l'oyseau,
« sur les habitans, en sorte que noz deniers n'en
« soyent retardez ni diminuez, et sans que pour rai-
« son de ce, ilz puissent estre troublez ni empeschez
« en quelque manière que ce soit, et que pour faire
« lesdictes assemblées, ilz puissent faire battre le tam-
« bour touttes fois et quantes que besoin sera. Sy don-
« nons en mandements à noz amez et féaux conseil-
« lers, les gens tenans nostre cour des aydes à Paris,
« bailly dudict Chasteau-Thierry ou son lieutenant
« général, président, conseillers et élus en ladicte
« élection et tous autres qu'il appartiendra, que du

« présent édict, lettres et du contenu en icelles, ils en
« fassent jouir plainement et paisiblement, et les y
« maintenir et garder comme nous les y maintenons
« et gardons, faisant deffences à toutes personnes de
« les y troubler en aucune manière que ce soit, nonob-
« stant oppositions ou appellations quelesconques pour
« lesquelles ne voulons estre différer ; CAR TEL EST
« NOSTRE PLAISIR : et affin que ce soit chose ferme et
« stable à toujours, nous avons faict mettre notre scel
« à cesdictes présentes, sauf en autre chose nostre
« droict et l'autruy en touttes. Donné audit Chasteau-
« Thierry au mois de novembre de l'an de grâce 1631
« et de nostre règne le vingt-deuxiesme *Signé* LOUIS,
« et sur le reply, par le Roi, PHELIPPEAUX, et scellées
« du grand sceau de cire verte, en lacques de soye
« rouge et verte.

« Registrées en la cour des aydes, ouy le procu-
« reur-général du Roy, suivant et aux charges por-
« tées par l'arrest de ladicte cour du jour d'huy. A
« Paris, le dixiesme jour de décembre 1651. »

En 1641, le gouvernement ayant jugé à propos de
supprimer les compagnies d'arquebusiers, celle de
Château-Thierry fut comprise dans cette mesure, et
ce ne fut qu'en 1660 que Louis XIV, s'étant fait rendre
compte de l'utilité de ces sociétés, la confirma de
nouveau dans les priviléges qu'elle avait précédem-
ment.

Deux ans après, ce même prince donna, sur la supplique du capitaine Guyart, de nouvelles lettres-patentes, par lesquelles nous voyons que la compagnie
« a été instituée non-seullement pour deffendre la
« ville, mais encore de nous (le Roi) servir de garde
« en d'autres occasions ». Ce ne fut que l'année sui-
vante que la cour des aides fit l'entérinement de ces
lettres, et encore Louis XIV fut-il forcé de donner des
lettres de jussion pour l'y contraindre. Les priviléges
et franchises de l'arquebuse furent de nouveau confir-
més en 1718, 1719 et 1762 par Louis XV.

D'après les règlements de la compagnie, approuvés

par Mgr. le prince Charles de Rohan en 1734, il fallait être de la religion catholique pour faire partie de la société ; tous les chevaliers reconnaissaient Sainte-Barbe pour patronne et ils devaient en célébrer la fête le 16 décembre ; ce jour là on disait une messe à laquelle les chevaliers étaient tenus d'assister, sous peine de 30 sols d'amende et d'être privés de tirer à l'oiseau. On n'était admis dans la compagnie qu'après avoir prêté serment de servir fidèlement le roi et la ville, d'obéir aux officiers en ce qui regardait le service, de respecter les anciens, de vivre avec eux en bonne amitié, sans haine, de tenir le secret et de maintenir les priviléges de la compagnie et de payer une somme de 30 livres. Toutes difficultés, querelles, injures, etc. étaient jugés par les chefs seuls, qui devaient prendre l'avis de six anciens. Tous les chevaliers s'assemblaient le lundi de la Pentecôte, en uniforme et en armes, sous peine de 30 sols d'amende et d'être privés de tirer à l'oiseau. Les artisans n'étaient pas reçus dans la compagnie, « attendu que par les assistances et « services qu'ils seroient tenus de rendre aux occa- « sions, ils pourroient être souvent distraits de leur « travail, et obliger de payer pour les droits et frais « des deniers plus nécessaires à leurs familles. » L'oiseau se tirait tous les ans le lundi de la Pentecôte, et les prix ordinaires les dimanches et fêtes, à quatre heures précises.

Lorsque la compagnie était mandée à un prix provincial ou général, tous les chevaliers étaient tenus d'y aller, sous peine de payer une somme de 10 livres.

D'après une déclaration du roi de 1762, l'arquebuse avait le poste d'honneur et la maréchaussée le dehors. Elle avait également le pas sur la milice bourgeoise dans les cérémonies publiques. La couleur du drapeau était blanc, avec les armes du roi d'un côté et de l'autre celles de la ville, et la devise : *Nul ne s'y frotte ;* des branches de houx entouraient les armes. L'uniforme se composait d'un habit écarlate, galonné d'or, à la Bourgogne, boutons d'or, veste et culotte pareilles, bas de soie blancs, chapeau uni surmonté d'un plumet ; les officiers avaient deux épaulettes d'or et les chevaliers une seule.

La plus grande cérémonie était sans contredit le prix général rendu par les chevaliers de l'arquebuse, et qui se tirait dans la ville dont la compagnie avait gagné le prix l'année précédente. Après les convocations et le jour fixé pour le tir, les habitants plaçaient sur les chemins de vastes tentes remplies de viandes froides et de rafraîchissements ; chaque compagnie y faisait une halte, et de là se remettait en marche, précédée de deux guides, pour le lieu qui lui était assigné. Les prix étaient composés de pièces d'argenterie, et une épée accompagnait ordinairement le bouquet. La tradi- tion nous a conservé les noms d'un grand nombre de chevaliers qui figuraient avec honneur dans ces prix : le plus célèbre est, sans contredit, *Chauvet*, conseiller du roi et capitaine de l'arquebuse, qui remporta le deuxième prix en 1783 à Nogent-sur-Seine. Ses cama- rades voulant fêter ses cinquante années de chevalerie et de mariage, placèrent au-dessus de sa porte un ta- bleau représentant un ange couronnant deux cœurs et le Temps qui met de côté sa faulx, en montrant du doigt 50. Ils allèrent ensuite en uniforme et tambour battant chercher leur capitaine chez lui pour le con- duire à l'arquebuse, où il y eut un festin public (1).

Pendant la révolution, la compagnie de l'arquebuse fut comprise dans les gardes françaises, et ne sauva son hôtel qu'en en remettant les titres entre les mains de l'autorité. En 1797, plusieurs amateurs demandè- rent au Directoire la permission de se rassembler pour s'exercer au tir du fusil et de la carabine ; elle leur fut accordée, mais à la condition qu'ils n'auraient aucun privilége, qu'ils n'assisteraient pas en corps aux céré- monies publiques et qu'ils n'auraient pas d'uniforme ; leur chef avait le titre d'*ancien*.

***

(1) L'abbé Poquet, Histoire de Château-Thierry, tome Ier.

L'hôtel occupé par les chevaliers de l'arquebuse est construit sur un terrain nommé les Petits-Prés, qui fut donné à la ville de Château-Thierry par Blanche d'Artois pour lui servir de lieu de divertissements. Il appartient de droit à la société, ainsi qu'il résulte de la déclaration faite en ces termes par un membre du conseil municipal : « Que malgré le bail fait par la
« ville de l'arquebuse, toute société régulièrement or-
« ganisée avait le droit d'y venir tirer sans aucune ré-
« tribution envers le locataire ; qu'en faisant cette lo-
« cation, la ville n'avait pas entendu empiéter sur les
« droits acquis de la société, droits qui, à toutes les
« époques, ont été reconnus maintenus ; enfin, que ce
« bail avait été fait aux risques et périls du preneur,
« qui, dans tous les cas, devrait tenir les portes de
« l'établissement ouvertes et entretenir le tir de l'ar-
« quebuse (2). » Autrefois, les chevaliers payaient une somme de 3 livres le jour du tir à l'oiseau pour l'entretien des bâtiments et du jardin.

Depuis le 27 juillet 1851, la Société de l'Arquebuse est entièrement réorganisée, et il faut dire à sa louange qu'elle a dignement inauguré sa réapparition dans la ville de Château-Thierry, et qu'elle est destinée, si elle continue à marcher dans la voie qu'elle s'est tracée, à briller avec autant d'éclat que ses sœurs aînées ; c'est elle qui, à l'occasion d'un prix envoyé par Sa Majesté l'Impératrice, a songé à rendre à l'immortel Fabuliste, que notre ville s'enorgueillit d'avoir vu naître, les honneurs auxquels il a tout droit, et ce ne sera pas un des moindres titres de la Société à la reconnaissance publique, que d'avoir créé une fête en l'honneur du grand philosophe. Espérons que les concitoyens de La Fontaine ne l'oublieront pas, et que cette fête est destinée à se perpétuer pendant de nombreuses années.

Quant à nous, qu'il nous soit permis de manifester

---

(2) Note communiquée par M. Bordé, secrétaire de la Société.

un regret. Pourquoi n'a-t-on pas jugé à propos de rétablir le tir à l'oiseau tel que nos pères l'avaient établi ? Les Sociétés comme la nôtre ne vivent que par leur ancienneté, et leur ôter leurs anciens usages, c'est leur enlever tout leur prestige ; de même, nous aurions aimé à voir l'arquebuse reprendre son ancien nom de compagnie, et son Président celui de commandant; de même, nous aurions été heureux de proclamer chaque année, comme au bon vieux temps, un Roi de l'oiseau. Soyons bien persuadés que le peuple s'intéressera toujours aux anciennes coutumes, et que, malgré lui, il aime ce qui les fait revivre.

P. J. DELBARRE

Nous avons cru être agréable en donnant la nomenclature des titres possédés par la Société :

1º Lettres-patentes du roi Louis XIII, du mois de novembre 1631, parchemin.

2º Copie sur papier libre de ces lettres.

3º Extrait du registre de la cour des aides, portant enregistrement des lettres-patentes de Louis XIII, parchemin.

4º Lettres-patentes de Louis XIV, de 1662, parchemin.

5º Lettres-patentes de Louis XIV, de 1663, parchemin.

6º Extrait du registre de la cour des aides, portant enregistrement des lettres de 1662, parchemin.

7º Supplique au roi, en 1718.

8º Lettres-patentes de Louis XV, en 1718, parchemin.

9° Extrait du registre de la cour des aides, parchemin.

10° Extrait du registre du greffe de Château-Thierry, 1718.

11° Règlement de l'arquebuse donné par Mgr. le duc de Rohan.

12° Extrait du registre du conseil d'Etat, 1735.

13° Copie de l'extrait du registre des délibérations de l'administration départementale, du 13 thermidor an IV°, où il est dit que le terrain appelé l'Arquebuse est excepté de la vente des domaines nationaux.

14° Règlement de la Société après la révolution.

15° Arpentage du terrain de l'arquebuse par Renault, arpenteur.

16° Lettre de M. le maire portant copie de la lettre de M. le préfet, du 1er juillet 1851, par laquelle la Société de l'arquebuse est autorisée à se reconstituer.

17° Nouvelle approbation, par M. le préfet, de la Société et de son règlement, 29 août 1853.

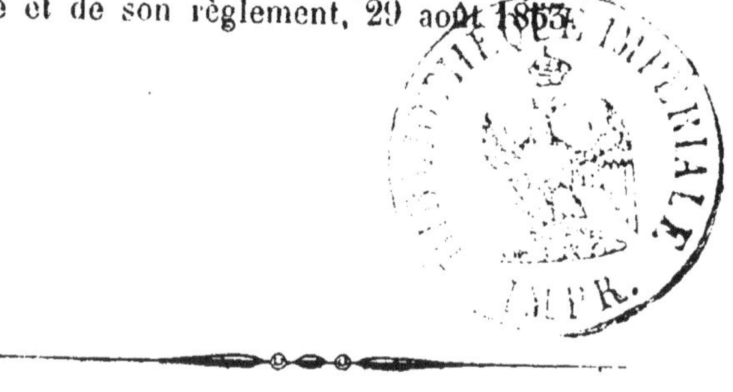

Château-Thierry. — Imp. de Charles DEMIMUID.

www.ingramcontent.com/pod-product-compliance
Ingram Content Group UK Ltd.
Pitfield, Milton Keynes, MK11 3LW, UK
UKHW031704170726
13836UKWH00001B/31